My work search for kids 6-10

Hi

Let your children learn about English words with this Activity Book for Kids.

This book educational vocabulary word lists suitable for ages 6-10

It's a perfect first word search book for Kids.

Good Luck

V	V	G	D	V	M	P	L	G	P	J	S
L	K	I	T	T	E	N	I	U	I	G	F
R	F	F	T	D	V	G	P	G	Y	P	R
B	H	L	B	D	S	P	W	C	L	A	H
L	N	L	L	A	Y	P	K	W	T	E	R
P	J	A	O	P	D	C	H	V	I	A	T
L	Y	M	L	S	K	Y	D	B	M	A	L
W	R	A	H	X	K	R	V	Z	J	N	G
D	X	F	O	C	I	B	Z	C	Q	G	A
M	J	U	S	W	G	O	I	G	P	X	C

.KITTEN

.LAMB

.LLAMA

.PIGLET

.PIGLET

.PUPPY

J K Z E G K I K Z G D J
B D G V J H R F S D Q Z
R W E K N E U H W D G J
G Z D L N B Q D Q U F J
Q H Y A O S D E M N G G
O D E G E J N U N E A K
Z C E A K G U D K G O I
O C X S Q W O C O A S T
D V A Z E N R O N Q T M
W G W P U R G B A R F H

.SEA

.OCEAN

.GROUND

.DUNE

.DESER

.COAST

S	C	W	H	M	X	I	W	D	Z	G	W
W	H	R	O	A	R	X	C	V	X	L	C
E	I	E	B	O	J	V	X	R	E	J	X
L	C	C	E	C	G	O	Z	I	H	K	K
A	K	J	A	P	D	R	A	C	U	L	Y
E	K	T	J	D	G	R	U	U	K	S	S
H	K	H	C	U	Z	O	O	T	X	Z	A
A	F	Z	K	Z	I	X	D	I	T	R	V
C	H	I	C	K	E	N	W	O	C	N	C
Y	N	J	D	K	O	G	P	U	G	T	Z

.SHEEP

.DOG

.COW

.CHICKEN

.CAT

.CHICK

J	C	D	M	O	E	F	D	M	Q	D	J
U	L	W	O	L	Y	G	V	U	O	U	D
B	J	P	T	A	J	E	X	G	C	S	W
S	M	S	E	F	I	J	G	N	F	K	O
W	I	O	Z	F	N	D	E	F	G	V	K
B	P	K	X	U	A	T	O	O	H	I	X
A	B	A	I	B	T	P	C	A	U	R	Q
V	L	M	G	I	B	N	T	L	Y	S	P
V	G	O	K	G	O	O	S	E	H	K	P
K	E	U	S	O	I	K	W	N	Q	N	S

.KITTEN

.GOOSE

.FOAL

.DUCK

.BUFFALO

.DOG

J	P	U	P	P	Y	G	X	H	G	I	P
S	C	E	A	E	O	O	E	O	X	D	G
X	M	C	M	A	G	E	C	R	K	G	W
K	M	P	T	N	P	O	W	S	S	N	X
G	T	B	I	B	J	E	O	E	K	T	V
D	V	R	L	M	R	W	U	S	E	R	P
W	T	G	W	L	F	N	I	L	E	P	O
K	Y	X	H	P	Q	I	G	V	T	D	D
T	E	K	A	F	P	I	B	S	M	F	E
M	W	E	I	H	P	W	Y	U	X	Q	I

.PUPPY

.PIGLET

.PIG

.HORSE

.GOOSE

.GOAT

T	D	S	J	E	V	F	A	B	B	U	V
E	H	P	N	S	Q	N	R	R	L	F	H
Z	L	A	W	K	A	C	N	D	U	B	X
X	L	D	L	I	M	A	W	W	A	R	M
P	S	P	N	E	N	R	A	B	Y	J	X
A	R	I	M	A	Z	D	R	A	Y	Z	S
L	H	L	F	Q	C	W	B	Q	D	M	N
I	I	J	R	P	P	S	T	N	U	P	V
Z	F	A	U	Y	E	W	G	S	T	S	E
Q	Y	K	P	B	Y	D	N	G	T	S	C

.WIND

.PLANE

.WARM

.BRAWN

.CANDLE

.CAR

N	J	M	J	Q	Q	T	A	B	E	C	B
O	B	J	U	Z	N	I	I	I	Y	A	C
K	F	E	E	Y	T	I	G	E	R	W	M
I	A	C	A	G	S	D	D	F	W	U	U
P	D	B	Z	R	S	P	C	O	X	O	P
U	E	B	W	U	F	E	P	I	M	T	W
E	D	T	W	R	Z	A	N	Z	K	Y	L
J	I	I	U	H	E	Z	L	X	Q	A	M
P	G	C	M	N	B	R	V	T	H	K	W
H	W	D	I	W	N	I	L	V	Y	P	L

.CAW

.BAT

.BEAR

.NUT

.PLAY

.HAT

M	E	B	Y	H	I	A	N	B	B	T	Q
N	S	H	Y	A	Z	S	Z	I	J	A	I
R	O	F	O	B	N	C	C	W	A	H	J
W	I	K	E	N	P	F	D	H	C	R	X
W	O	D	F	E	K	I	B	H	O	A	I
Q	L	R	R	D	J	F	I	T	S	O	I
L	D	W	I	G	R	P	M	V	P	N	L
P	P	F	E	D	S	S	S	P	V	I	D
D	G	A	N	E	S	Q	W	D	N	E	Q
X	D	X	D	T	R	W	V	Z	H	H	X

.CAMP

.BABY

.SCHOOL

.RAIN

.HAT

.FRIEND

R	R	S	N	X	D	N	L	D	N	I	J
P	A	C	N	P	Y	O	Z	E	P	T	E
K	G	H	S	Z	M	Z	U	L	L	Y	P
C	R	O	F	Q	J	A	A	H	Q	S	O
B	Q	O	M	Q	F	Y	C	U	O	N	T
R	F	L	Y	M	N	W	T	Z	P	D	P
O	O	F	V	W	X	O	R	S	T	L	Z
V	R	V	J	D	Q	Y	B	A	B	P	I
R	X	E	P	B	J	I	H	Y	V	U	V
E	I	W	G	O	R	S	E	G	A	N	S

.TOP

.SCHOOL

.PLAY

.HAT

.CAMP

.BABY

S	N	U	S	K	P	B	B	P	P	G	N
N	P	U	C	W	C	K	G	T	O	P	U
W	V	A	W	U	T	T	T	K	O	F	M
C	T	J	D	S	H	E	L	L	L	A	Z
D	H	Y	E	E	U	X	U	Z	I	P	G
H	S	Q	R	T	R	J	Z	G	W	Z	W
V	U	H	V	Q	S	Y	T	Z	C	S	T
U	V	O	L	O	I	B	K	A	A	R	E
E	H	L	M	L	B	N	M	N	H	X	G
J	U	T	X	H	M	I	D	J	P	X	N

.SUN

.SPADE

.SHELL

.SAND

.POOL

.HAT

C	I	Z	B	E	R	Q	S	Q	M	Z	E
H	A	A	B	E	V	B	C	L	K	G	S
R	M	Z	W	A	P	P	L	E	I	T	F
G	O	O	O	G	Z	N	S	A	E	D	N
H	L	C	X	R	V	Q	F	J	J	H	E
F	Q	A	U	E	N	D	N	C	V	X	A
E	Y	T	G	N	D	D	U	F	F	C	N
V	K	R	E	K	I	B	I	L	F	R	Y
E	U	Z	L	M	S	S	Z	J	Z	A	O
L	F	Z	D	F	H	K	B	E	O	B	H

.SLIDE

.FLOWER

.FISH

.CRAB

.BIKE

.APPLE

Q	Y	O	Q	P	K	M	K	Z	S	F	D
A	X	H	G	O	S	B	R	N	J	I	E
C	G	X	E	J	A	V	O	W	O	E	E
N	I	B	O	R	O	W	L	P	X	E	S
J	O	Y	J	E	S	G	Y	A	P	D	V
W	S	Z	R	U	T	N	B	U	I	K	L
Y	F	I	I	X	T	U	R	L	C	M	V
B	F	T	P	A	I	L	I	O	T	H	Z
D	Y	B	X	P	Y	D	S	O	C	H	W
S	J	Y	Y	K	R	Y	I	N	T	Q	N

.SNOWSUIT

.SEED

.ROBIN

.PAIL

.FIRE

.CORN

J	A	G	L	Y	E	K	P	E	M	R	T
Q	D	U	J	F	P	O	I	R	G	J	T
G	S	L	O	C	P	R	Q	I	B	K	O
Q	E	Y	P	S	Z	C	R	F	A	X	T
K	V	P	I	P	E	K	P	P	I	P	H
S	C	C	E	D	A	N	O	M	E	L	M
I	L	K	I	T	E	P	M	A	J	X	P
E	S	L	J	C	U	Q	Y	C	S	U	M
Z	S	B	S	D	X	B	V	B	L	H	D
B	Y	M	S	A	C	F	E	H	L	Q	I

.TUBE

.SLIDE

.POPSICLE

.LEMONADE

.KITE

.CAMPFIRE

L	A	N	X	K	N	T	P	A	A	O	B
H	L	L	S	I	L	E	O	R	H	I	I
E	O	A	B	J	C	K	P	O	V	F	V
G	B	O	B	T	A	C	Y	S	E	E	D
L	R	U	Y	T	I	A	Q	Q	P	Y	Q
Q	W	N	S	V	O	J	O	Z	W	X	D
G	H	D	F	S	B	O	Q	O	Q	O	J
U	S	G	B	U	H	Z	F	C	T	Z	M
H	D	J	A	Z	A	Q	J	U	P	D	C
Z	B	V	Z	Y	Y	Q	C	L	Z	P	D

.SEED

.ROBIN

.JACKET

.HAY

.FOOTBALL

.BUS

N J B Y A Y S K B I R H
A I Q E E G E J S F A V
G A K K E K V L F C R P
E F R P R S A R U Y D Q
B U S Z M U E Z K Z V A
T Y Q I K U L I I F F S
S O B B J R P Q R Q O Y
K I T E G X H K Y T B L
B V A I M P T A V P X N
W O R C E R A C S P Q x

.TURKEY .SCARECROW

.PUMPKIN .LEAVES

.KITE .BEES

S	E	E	H	K	L	J	A	I	M	W	S
Q	N	G	R	U	Q	N	F	B	B	A	E
V	G	E	T	I	I	A	R	S	W	J	I
X	I	H	T	U	O	H	I	Q	H	Z	K
V	Q	R	G	T	W	J	X	G	Q	G	O
Y	I	N	G	N	I	D	D	E	L	S	O
D	E	P	L	H	X	M	M	O	A	O	C
P	F	N	S	Y	I	O	S	V	Y	C	O
S	H	O	V	E	L	I	R	W	C	Y	A
H	W	C	Q	R	F	M	G	R	A	X	R

.SLEDDING

.SHOVEL

.PENGUIN

.MITTENS

.IGLOO

.COOKIES

L	F	N	B	Y	Y	K	O	T	G	V	R
D	L	O	C	M	Y	S	J	I	X	J	T
K	J	A	N	U	F	Q	O	U	X	N	M
N	J	U	B	Z	M	T	I	S	S	P	N
W	F	C	A	E	I	V	D	M	W	D	U
H	B	X	Q	U	S	B	F	I	I	D	Z
Y	D	E	Q	X	M	A	L	W	N	X	D
L	T	S	A	S	W	F	B	S	G	W	I
G	O	V	A	C	A	T	I	O	N	P	L
M	S	B	M	U	H	Q	M	V	I	V	X

.VACATION

.SWING

.SWIMSUIT

.MOSQUITO

.BEACH

.BASEBALL

L	S	P	F	D	G	Z	T	U	S	S	N
W	L	K	Y	N	X	G	S	U	U	Y	D
Y	R	A	I	Q	X	P	I	I	B	X	I
E	Z	V	B	I	G	O	L	F	E	R	V
Y	I	P	C	T	N	O	C	P	V	C	E
D	U	N	P	L	O	G	Y	X	T	H	R
J	M	L	D	M	N	O	C	N	V	Y	Q
T	O	M	V	B	H	S	F	E	Y	Z	Y
A	H	M	V	E	L	M	V	P	J	P	H
D	E	X	G	T	A	Q	J	Q	Z	E	X

.CYCLIST

.DIVER

.DIVING

.FOOTBALL

.GOLFER

.SKIING

B	N	G	O	R	M	R	F	N	I	N	Z
P	A	C	M	N	E	B	U	E	G	B	P
J	I	S	G	N	I	X	O	B	O	J	R
Z	Z	D	E	Q	P	W	O	W	N	P	R
G	C	V	C	B	T	H	L	B	J	R	S
N	T	N	K	B	A	E	G	A	S	A	Y
A	O	I	W	V	R	L	P	T	D	W	T
H	Q	T	K	V	A	B	L	T	C	W	P
H	P	D	Y	E	T	T	F	E	H	S	Z
S	W	I	M	M	I	N	G	R	C	C	I

.BATTER

.BOXER

.BOXING

.SWIMMING

.BASEBALL

.BOWLER

D	P	I	W	K	P	B	E	R	U	V	M
R	E	G	N	I	S	I	O	M	I	I	E
U	Y	N	F	Y	U	T	A	O	U	E	Z
M	E	K	H	E	C	F	L	N	O	D	U
M	Z	P	B	U	Z	I	U	F	I	K	S
E	S	U	D	H	N	R	G	D	L	S	U
R	N	N	V	I	O	L	I	N	I	S	T
P	O	H	R	M	B	N	P	F	L	M	J
C	C	O	H	V	L	V	W	H	Y	R	G
N	G	X	K	T	P	J	C	X	U	Y	W

.CONDUCTOR

.DRUMMER

.PIANIST

.SINGER

.VIOLIN

.VIOLINIST

W	Y	M	F	Z	F	K	R	G	R	C	T
I	H	O	Z	K	E	E	N	W	U	E	W
P	P	I	U	M	X	I	Q	E	N	H	W
U	U	H	S	Q	L	J	M	N	N	D	G
F	G	L	C	T	D	B	I	M	E	I	C
R	J	H	S	Y	L	S	E	R	R	K	H
W	R	E	S	T	L	E	R	J	O	O	P
N	R	D	X	Q	H	G	J	C	T	P	L
W	R	X	X	O	K	O	L	M	K	N	U
Y	T	L	A	O	G	T	X	R	M	Y	J

.WRESTLING .WRESTLER

.WHISTLE .TENNIS

.RUNNER .GOAL

Y	H	V	Q	G	Q	L	B	Y	J	E	I
D	B	C	N	G	A	Y	R	R	O	T	W
Y	D	G	K	F	F	U	C	R	F	R	C
E	Y	O	U	W	X	C	D	A	E	A	T
M	O	M	V	R	R	J	U	C	P	K	A
C	X	I	E	I	A	F	P	E	T	C	F
W	L	X	C	D	Z	L	C	G	X	G	N
Z	B	K	G	N	I	L	C	Y	C	X	D
M	E	X	Y	X	X	Q	A	Y	A	S	L
T	V	D	H	J	J	X	Y	P	J	Z	S

.CARRY

.COOK

.CRICKET

.CYCLING

.EAT

.RUGBY

R	A	E	H	K	G	O	V	D	I	E	E
T	J	B	N	I	S	R	M	R	G	Q	C
I	Y	Z	P	O	E	C	L	I	N	Q	F
A	C	Z	M	S	H	J	R	N	L	R	E
W	I	J	L	P	T	P	X	K	X	D	S
P	M	E	W	Q	R	Y	N	S	Q	R	P
Q	E	N	L	M	S	K	Q	M	N	G	K
P	W	I	H	P	R	A	I	O	L	N	O
P	G	R	E	T	A	W	R	F	G	M	E
G	E	Y	D	P	Y	I	R	E	T	L	C

.DRINK

.IRON

.PHONE

.SLEEP

.WAIT

.WATER

S	E	E	H	K	L	J	A	I	M	W	S
Q	N	G	R	U	Q	N	F	B	B	A	E
V	G	E	T	I	I	A	R	S	W	J	I
X	I	H	T	U	O	H	I	Q	H	Z	K
V	Q	R	G	T	W	J	X	G	Q	G	O
Y	I	N	G	N	I	D	D	E	L	S	O
D	E	P	L	H	X	M	M	O	A	O	C
P	F	N	S	Y	I	O	S	V	Y	C	O
S	H	O	V	E	L	I	R	W	C	Y	A
H	W	C	Q	R	F	M	G	R	A	X	R

.SLEDDING

.SHOVEL

.PENGUIN

.MITTENS

.IGLOO

.COOKIES

Good Luck

www.ingramcontent.com/pod-product-compliance
Lightning Source LLC
LaVergne TN
LVHW080819170826
845678LV00011B/2079

9798639803475